Wann und wo wurde es gesagt? _______________

Wer hat es gehört? _______________

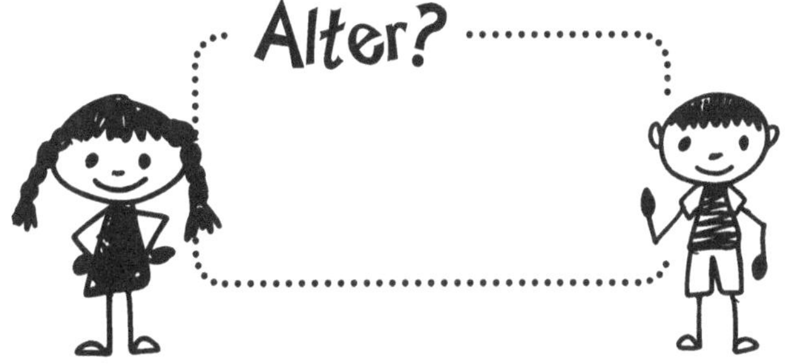

Wann und wo wurde es gesagt? _______________ Alter?

Wer hat es gehört? _______________________

„

"

Wann und wo wurde es gesagt? _______________ Alter?

Wer hat es gehört? _______________________

„

"

Wann und wo wurde es gesagt? _______________________

Wer hat es gehört? _______________________

Alter?

Wann und wo wurde es gesagt? _______________ Alter?

Wer hat es gehört? _____________________

"

"

Wann und wo wurde es gesagt? _______________ Alter?

Wer hat es gehört? _____________________

"

"

Wann und wo wurde es gesagt? _______________

Wer hat es gehört? _______________________

Alter?

Wann und wo wurde es gesagt? _______________ Alter?

Wer hat es gehört? _______________________

Wann und wo wurde es gesagt? _______________ Alter?

Wer hat es gehört? _______________________

Wann und wo wurde es gesagt? _______________

Wer hat es gehört? _______________________

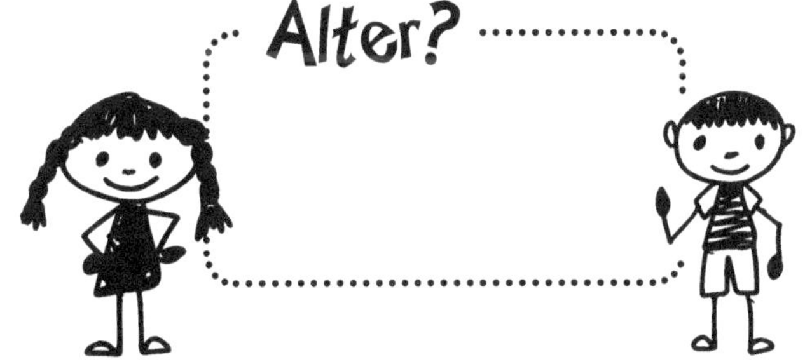

Wann und wo wurde es gesagt? _______________ Alter?

Wer hat es gehört? _______________________

,,

,,

Wann und wo wurde es gesagt? _______________ Alter?

Wer hat es gehört? _______________________

,,

,,

Wann und wo wurde es gesagt? _______________

Wer hat es gehört? _______________

Alter?

Wann und wo wurde es gesagt? _______________ Alter?

Wer hat es gehört? _______________________

„

____

"

Wann und wo wurde es gesagt? _______________ Alter?

Wer hat es gehört? _______________________

„

____

"

Wann und wo wurde es gesagt? ____________________

Wer hat es gehört? ____________________

Alter?

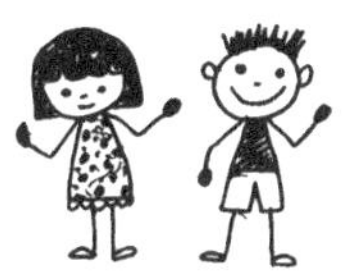

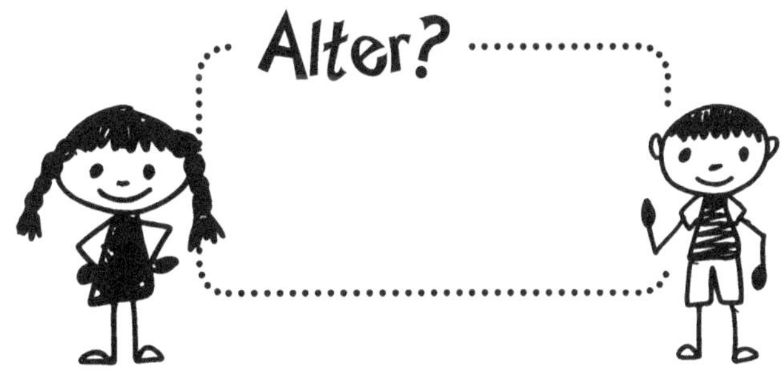

Wann und wo wurde es gesagt? _______________ Alter? ____

Wer hat es gehört? _______________________

"

"

Wann und wo wurde es gesagt? _______________ Alter? ____

Wer hat es gehört? _______________________

"

"

Wann und wo wurde es gesagt? _______________

Wer hat es gehört? _______________

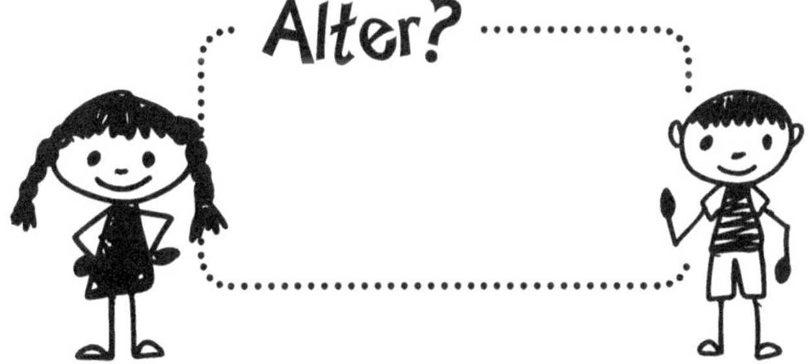

Wann und wo wurde es gesagt? _______________ Alter?

Wer hat es gehört? _____________________

"

"

Wann und wo wurde es gesagt? _______________ Alter?

Wer hat es gehört? _____________________

"

"

Wann und wo wurde es gesagt? _______________________

Wer hat es gehört? _______________________________

Wann und wo wurde es gesagt? _______________ .··Alter?··.

Wer hat es gehört? _____________________

,,

Wann und wo wurde es gesagt? _____________ .··Alter?··.

Wer hat es gehört? _____________________

,,

Wann und wo wurde es gesagt? _______________

Wer hat es gehört? _______________

Alter?

Wann und wo wurde es gesagt? _______________ Alter?

Wer hat es gehört? _________________________

Wann und wo wurde es gesagt? _______________ Alter?

Wer hat es gehört? _________________________

18

Wann und wo wurde es gesagt? _______________

Wer hat es gehört? _______________________

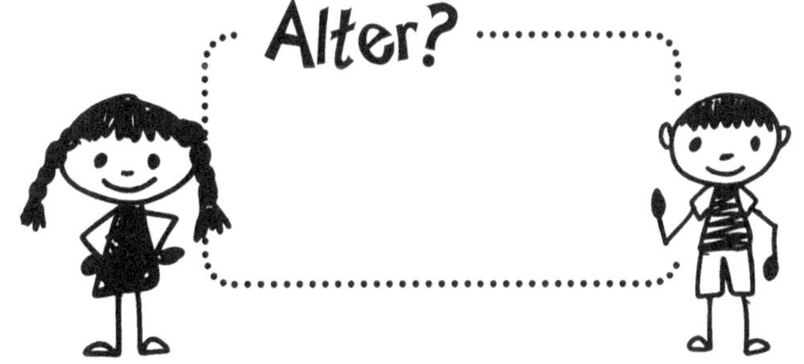

Wann und wo wurde es gesagt? _______________ Alter?

Wer hat es gehört? _______________________

„

„

Wann und wo wurde es gesagt? _______________ Alter?

Wer hat es gehört? _______________________

„

„

Wann und wo wurde es gesagt? _______________

Wer hat es gehört? _______________________

Alter?

Wann und wo wurde es gesagt? _______________ Alter?

Wer hat es gehört? _____________________

,,

,,

Wann und wo wurde es gesagt? _______________ Alter?

Wer hat es gehört? _____________________

,,

,,

Wann und wo wurde es gesagt? _______________

Wer hat es gehört? _______________

23

Wann und wo wurde es gesagt? ______________   Alter? ⸽

Wer hat es gehört? ______________________

"

"

Wann und wo wurde es gesagt? ______________   Alter? ⸽

Wer hat es gehört? ______________________

"

"

Wann und wo wurde es gesagt? _______________
Wer hat es gehört? _______________

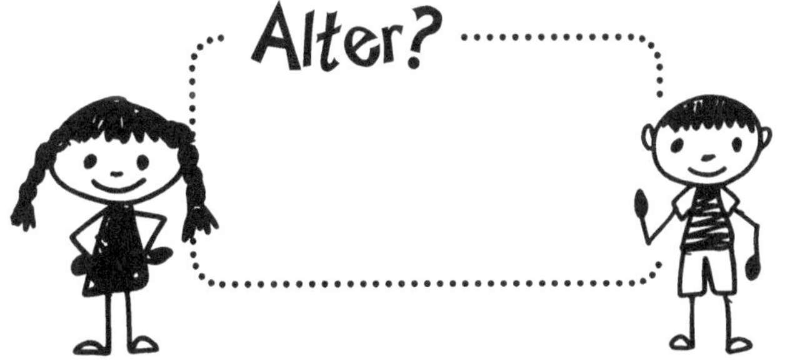

Alter?

Wann und wo wurde es gesagt? _______________ Alter?

Wer hat es gehört? _______________________

„

„

Wann und wo wurde es gesagt? _______________ Alter?

Wer hat es gehört? _______________________

„

„

Wann und wo wurde es gesagt? _______________

Wer hat es gehört? _______________________

Alter?

Wann und wo wurde es gesagt? _______________ Alter? ⋯⋯⋯

Wer hat es gehört? ___________________________

„

„„

Wann und wo wurde es gesagt? _______________ Alter? ⋯⋯⋯

Wer hat es gehört? ___________________________

„

„„

Wann und wo wurde es gesagt? _______________

Wer hat es gehört? _______________

Alter?

Wann und wo wurde es gesagt? _______________ Alter?

Wer hat es gehört? _____________________

,,

Wann und wo wurde es gesagt? _______________ Alter?

Wer hat es gehört? _____________________

,,

Wann und wo wurde es gesagt? _______________

Wer hat es gehört? _______________

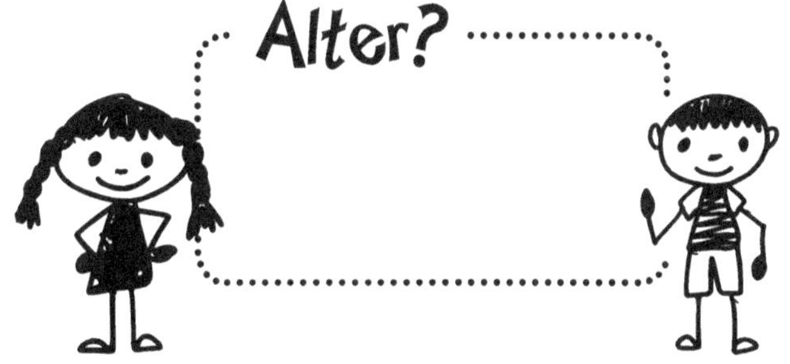

Wann und wo wurde es gesagt? _____________ Alter?

Wer hat es gehört? _____________________

Wann und wo wurde es gesagt? _____________ Alter?

Wer hat es gehört? _____________________

Wann und wo wurde es gesagt? _______________________

Wer hat es gehört? _______________________

Wann und wo wurde es gesagt? _______________ Alter?

Wer hat es gehört? _____________________

Wann und wo wurde es gesagt? _______________ Alter?

Wer hat es gehört? _____________________

Wann und wo wurde es gesagt? _______________

Wer hat es gehört? _______________

Alter?

Wann und wo wurde es gesagt? _______________ Alter?

Wer hat es gehört? _______________________

„

"

Wann und wo wurde es gesagt? _______________ Alter?

Wer hat es gehört? _______________________

„

"

36

Wann und wo wurde es gesagt? _______________________

Wer hat es gehört? _______________________

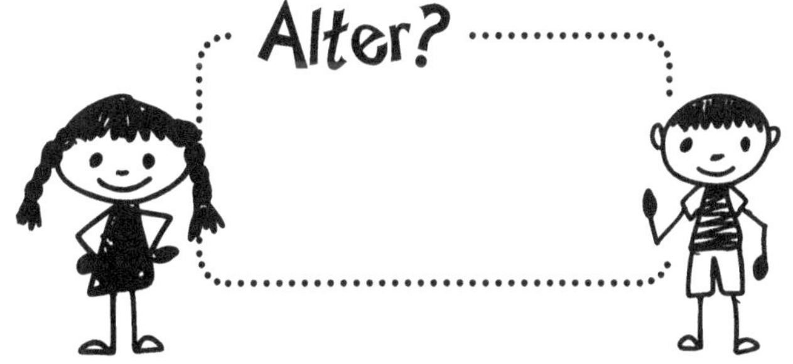

Wann und wo wurde es gesagt? _____________ Alter?

Wer hat es gehört? _______________________

,,

"

Wann und wo wurde es gesagt? _____________ Alter?

Wer hat es gehört? _______________________

,,

"

Wann und wo wurde es gesagt? ________________

Wer hat es gehört? ________________

Alter?

Wann und wo wurde es gesagt? _______________   Alter?

Wer hat es gehört? _____________________

Wann und wo wurde es gesagt? _______________   Alter?

Wer hat es gehört? _____________________

Wann und wo wurde es gesagt? __________________

Wer hat es gehört? __________________

Alter?

41

Wann und wo wurde es gesagt? _______________ Alter? _______

Wer hat es gehört? __________________________

,,

''

Wann und wo wurde es gesagt? _______________ Alter? _______

Wer hat es gehört? __________________________

,,

''

Wann und wo wurde es gesagt? _______________

Wer hat es gehört? _______________

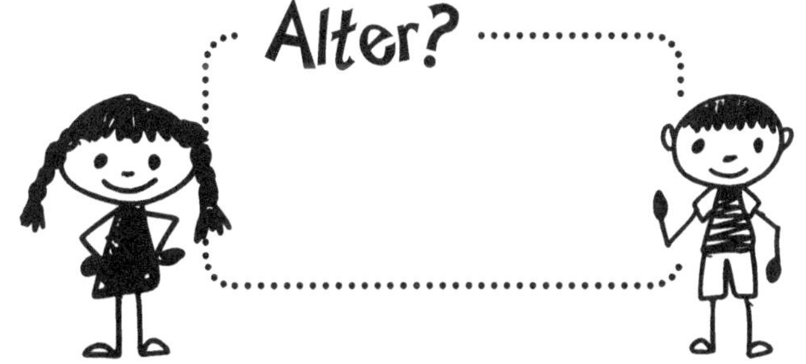

Wann und wo wurde es gesagt? _____________   Alter?

Wer hat es gehört? _____________________

,,

Wann und wo wurde es gesagt? _____________   Alter?

Wer hat es gehört? _____________________

,,

Wann und wo wurde es gesagt? _______________

Wer hat es gehört? _______________________

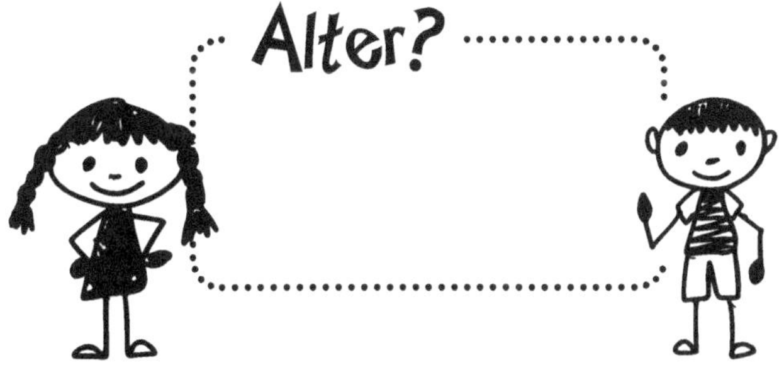

Alter?

Wann und wo wurde es gesagt? _______________ Alter? ....

Wer hat es gehört? _______________________

"

Wann und wo wurde es gesagt? _______________ Alter? ....

Wer hat es gehört? _______________________

"

Wann und wo wurde es gesagt? _______________

Wer hat es gehört? _______________

Wann und wo wurde es gesagt? _______________ Alter?

Wer hat es gehört? _____________________

Wann und wo wurde es gesagt? _______________ Alter?

Wer hat es gehört? _____________________

Wann und wo wurde es gesagt? _______________

Wer hat es gehört? _______________

Alter?

Wann und wo wurde es gesagt? _____________   Alter?

Wer hat es gehört? _____________

Wann und wo wurde es gesagt? _____________   Alter?

Wer hat es gehört? _____________

Wann und wo wurde es gesagt? _______________

Wer hat es gehört? _______________________

Alter?

Wann und wo wurde es gesagt? _______________ Alter?

Wer hat es gehört? _____________________

"

Wann und wo wurde es gesagt? _______________ Alter?

Wer hat es gehört? _____________________

"

Wann und wo wurde es gesagt? _______________

Wer hat es gehört? _______________

Alter?

Wann und wo wurde es gesagt? _______________ Alter?

Wer hat es gehört? _____________________________

"

„

Wann und wo wurde es gesagt? _______________ Alter?

Wer hat es gehört? _____________________________

"

„

Wann und wo wurde es gesagt? _______________

Wer hat es gehört? _______________

Wann und wo wurde es gesagt? _______________ Alter?

Wer hat es gehört? _______________________________

”

„

Wann und wo wurde es gesagt? _______________ Alter?

Wer hat es gehört? _______________________________

”

„

Wann und wo wurde es gesagt? _______________

Wer hat es gehört? _______________

Alter?

Wann und wo wurde es gesagt? _______________ Alter?

Wer hat es gehört? _________________________

,,

''

Wann und wo wurde es gesagt? _______________ Alter?

Wer hat es gehört? _________________________

,,

''

Wann und wo wurde es gesagt? _______________________

Wer hat es gehört? _______________________

Wann und wo wurde es gesagt? _______________   Alter?

Wer hat es gehört? _____________________

"

,,

Wann und wo wurde es gesagt? _______________   Alter?

Wer hat es gehört? _____________________

"

,,

Wann und wo wurde es gesagt? _______________

Wer hat es gehört? _______________

Alter?

Wann und wo wurde es gesagt? _____________ Alter?

Wer hat es gehört? _______________________

"

"

Wann und wo wurde es gesagt? _____________ Alter?

Wer hat es gehört? _______________________

"

"

Wann und wo wurde es gesagt? _______________

Wer hat es gehört? _______________

Alter?

Wann und wo wurde es gesagt? _______________ Alter?

Wer hat es gehört? _____________________

,,

Wann und wo wurde es gesagt? _______________ Alter?

Wer hat es gehört? _____________________

,,

Wann und wo wurde es gesagt? _______________

Wer hat es gehört? _______________

Alter?

Wann und wo wurde es gesagt? _______________ Alter?

Wer hat es gehört? _______________________

Wann und wo wurde es gesagt? _______________ Alter?

Wer hat es gehört? _______________________

Wann und wo wurde es gesagt? _______________

Wer hat es gehört? _______________

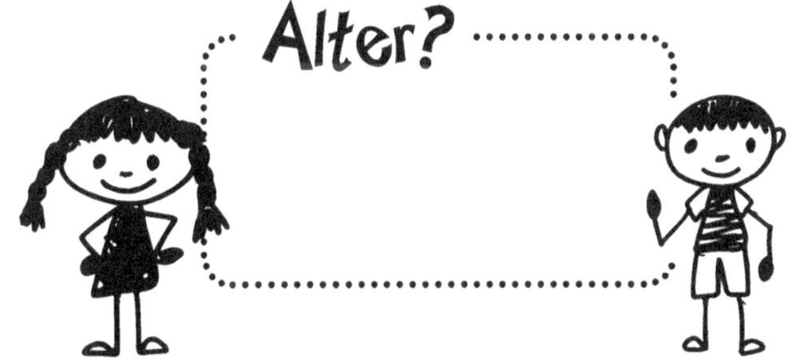

Alter?

Wann und wo wurde es gesagt? _______________ Alter?

Wer hat es gehört? _______________

„

„

Wann und wo wurde es gesagt? _______________ Alter?

Wer hat es gehört? _______________

„

„

Wann und wo wurde es gesagt? _______________

Wer hat es gehört? ___________________________

Alter?

Wann und wo wurde es gesagt? _______________ Alter?

Wer hat es gehört? _______________________

„

"

Wann und wo wurde es gesagt? _______________ Alter?

Wer hat es gehört? _______________________

„

"

Wann und wo wurde es gesagt? _______________

Wer hat es gehört? _______________

Wann und wo wurde es gesagt? _______________ Alter?

Wer hat es gehört? _______________________

„

"

Wann und wo wurde es gesagt? _______________ Alter?

Wer hat es gehört? _______________________

„

"

Wann und wo wurde es gesagt? _______________

Wer hat es gehört? _______________

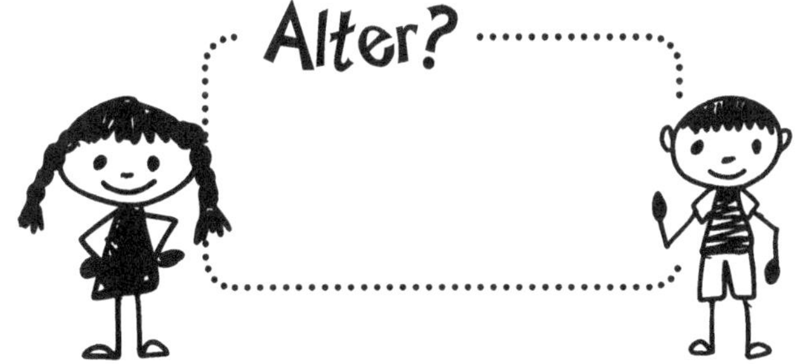

Wann und wo wurde es gesagt? _______________ Alter?

Wer hat es gehört? _____________________

,,

"

Wann und wo wurde es gesagt? _______________ Alter?

Wer hat es gehört? _____________________

,,

"

Wann und wo wurde es gesagt? ___________________

Wer hat es gehört? ___________________

Alter?

Wann und wo wurde es gesagt? _______________ Alter?

Wer hat es gehört? _______________

,,

"

Wann und wo wurde es gesagt? _______________ Alter?

Wer hat es gehört? _______________

,,

"

Wann und wo wurde es gesagt? _______________________

Wer hat es gehört? _______________________

Wann und wo wurde es gesagt? _____________ Alter?

Wer hat es gehört? _____________________

„

”

Wann und wo wurde es gesagt? _____________ Alter?

Wer hat es gehört? _____________________

„

”

Wann und wo wurde es gesagt? _______________

Wer hat es gehört? _______________

Wann und wo wurde es gesagt? _______________ Alter? _______

Wer hat es gehört? _______________

>>

Wann und wo wurde es gesagt? _______________ Alter? _______

Wer hat es gehört? _______________

>>

Wann und wo wurde es gesagt? ____________________

Wer hat es gehört? ____________________

Alter?

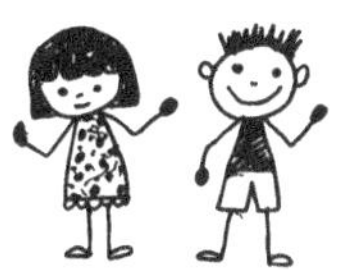

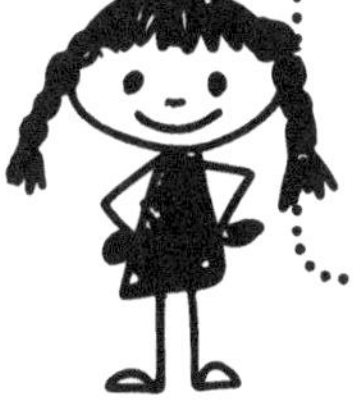

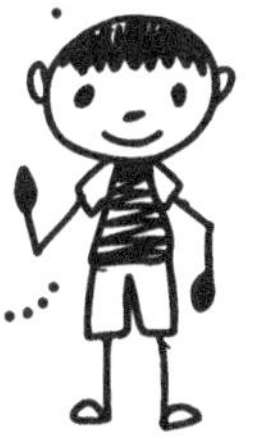

Wann und wo wurde es gesagt? _____________ Alter?

Wer hat es gehört? _____________________

,,

''

Wann und wo wurde es gesagt? _____________ Alter?

Wer hat es gehört? _____________________

,,

''

Wann und wo wurde es gesagt? _______________

Wer hat es gehört? _______________

Alter?

Wann und wo wurde es gesagt? _______________ Alter? ____

Wer hat es gehört? _________________________

Wann und wo wurde es gesagt? _______________ Alter? ____

Wer hat es gehört? _________________________

 Wann und wo wurde es gesagt? _______________________

Wer hat es gehört? _______________________

Wann und wo wurde es gesagt? _______________   Alter?

Wer hat es gehört? _____________________

„

"

Wann und wo wurde es gesagt? _______________   Alter?

Wer hat es gehört? _____________________

„

"

Wann und wo wurde es gesagt? _______________

Wer hat es gehört? _______________

Alter?

Wann und wo wurde es gesagt? _______________   Alter?

Wer hat es gehört? ___________________________

99 ____

____ 99

Wann und wo wurde es gesagt? _______________   Alter?

Wer hat es gehört? ___________________________

99 ____

____ 99

Wann und wo wurde es gesagt? _______________

Wer hat es gehört? _______________

"

"

Wann und wo wurde es gesagt? _______________ Alter?

Wer hat es gehört? _____________________

,,

''

Wann und wo wurde es gesagt? _______________ Alter?

Wer hat es gehört? _____________________

,,

''

Wann und wo wurde es gesagt? ___________________________

Wer hat es gehört? ___________________________

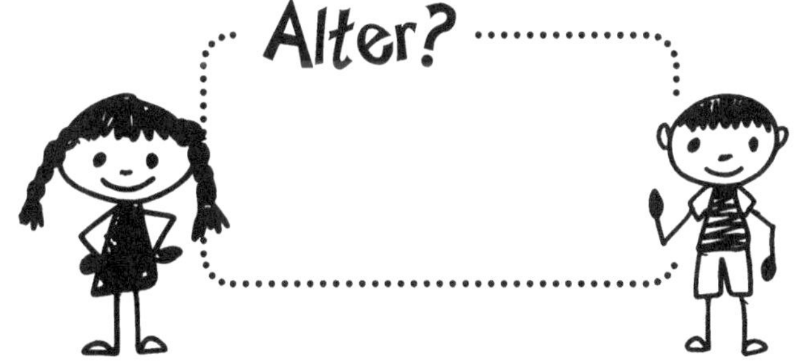

Wann und wo wurde es gesagt? _____________ Alter?

Wer hat es gehört? _____________

„

”

Wann und wo wurde es gesagt? _____________ Alter?

Wer hat es gehört? _____________

„

”

Wann und wo wurde es gesagt? _______________________

Wer hat es gehört? _______________________

Wann und wo wurde es gesagt? _____________ Alter?

Wer hat es gehört? _____________________

„

"

Wann und wo wurde es gesagt? _____________ Alter?

Wer hat es gehört? _____________________

„

"

 Wann und wo wurde es gesagt? _______________________

Wer hat es gehört? _______________________

Wann und wo wurde es gesagt? _______________ Alter?

Wer hat es gehört? _____________________

"

"

Wann und wo wurde es gesagt? _______________ Alter?

Wer hat es gehört? _____________________

"

"

Wann und wo wurde es gesagt? ___________________

Wer hat es gehört? _______________________________

97

Wann und wo wurde es gesagt? _______________ Alter?

Wer hat es gehört? _______________________

,,

"

Wann und wo wurde es gesagt? _______________ Alter?

Wer hat es gehört? _______________________

,,

"

Wann und wo wurde es gesagt? _______________

Wer hat es gehört? _______________

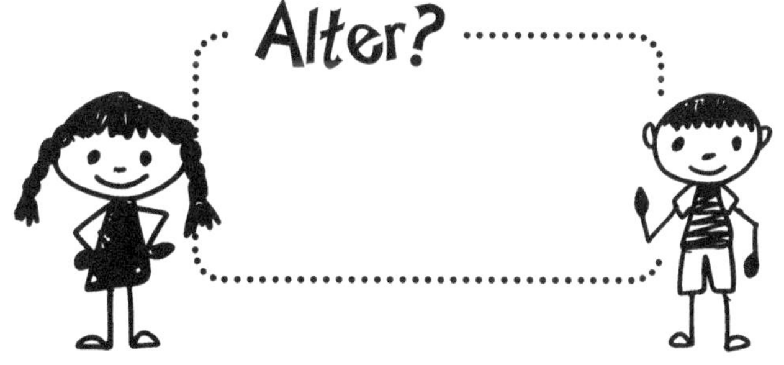

Wann und wo wurde es gesagt? _______________ Alter?

Wer hat es gehört? _______________________

„

"

Wann und wo wurde es gesagt? _______________ Alter?

Wer hat es gehört? _______________________

„

"

 Wann und wo wurde es gesagt? _______________

Wer hat es gehört? _______________

Wann und wo wurde es gesagt? _______________ Alter?

Wer hat es gehört? _______________________

„

"

Wann und wo wurde es gesagt? _______________ Alter?

Wer hat es gehört? _______________________

„

"

Wann und wo wurde es gesagt? _______________

Wer hat es gehört? ___________________________

Alter?

Wann und wo wurde es gesagt? _____________ Alter?

Wer hat es gehört? _____________

~~~

Wann und wo wurde es gesagt? _____________ Alter?

Wer hat es gehört? _____________

<div style="border:1px solid black; min-height:500px;"></div>
~~~